MAX LAMBERT

L'OLIVIER
ET LA PRÉPARATION DES OLIVES
EN PROVENCE

RECETTES
FAMILIALES

COLLECTION CAMPANILE

SCEP EDITIONS

Ce livre est dédié à ma mère. Sans elle, il n'aurait jamais vu le jour.

ISBN 2-905155-04-3

PRÉFACE

Ouvrage destiné à tous ceux qui s'intéressent à ce merveilleux produit méditerranéen qu'est l'olive.
Mieux la connaître pour mieux la préparer et mieux l'apprécier tel est le but que s'est fixé ce texte.
Vertes ou noires l'auteur essaie de communiquer son goût de l'observation des anciens pour transmettre le savoir, l'expérience, le tour de main accumulés depuis des générations pour les préparer et les mettre en conserve.
Accessoirement il explique pourquoi l'olive, au contraire des autres fruits ne peut être consommée directement sur l'arbre mais doit "être préparée"... d'où l'importance de cette opération et la nécessité de s'intéresser aux connaissances ancestrales de bien des familles d'oléiculteurs.
Il fait part enfin de quelques idées générales sur les soins à apporter aux oliviers pour obtenir les meilleurs résultats possibles dans la mise en œuvre de ces recettes.

AVANT-PROPOS

L'olivier

L'olivier est un arbre typiquement méditerranéen; il a été introduit en France par les Phéniciens environ 800 ans avant notre ère. Symbole de la paix, il est originaire du proche et moyen Orient.
Les dimensions et la forme varient avec le climat, la fertilité du sol et les variétés. Il craint le froid et ne résiste pas à des températures inférieures à -15°; par contre, il supporte des sécheresses exceptionnelles.
Les conditions climatiques idéales sont: janvier froid et sec, avril pluvieux, quelques pluies très courtes dans le temps, ensuite pas de temps brumeux ou nuageux qui dure.
L'arbre est à feuilles persistantes; en toute rigueur la défoliation est partielle, par tiers de frondaison et étalée sur trois ans, ceci en fait probablement son attrait dans tous les pays du pourtour méditerranéen, car en été, ou durant les journées chaudes de demi-saison, son ombre est la bienvenue.
Qui peut rester indifférent au charme d'un olivier? Le port d'un olivier, quelle que soit sa forme, est rempli d'une sobre élégance. Le tronc lui-même a une belle couleur gris-vert; lorsqu'une brise légère vient agiter ses feuilles, celles-ci nous montrent tour à tour leurs deux faces fort différentes: luisante et vert foncé au-dessus, rugueuse et argentée au-dessous. Un rayon de soleil vient parfois éclairé cet incessant ballet multicolore et agrémenter de fort belle manière un moment de détente que s'accorde l'oléiculteur!

Fleurs d'oliviers

En mai ou juin, suivant l'exposition, l'altitude et la façon culturale, a lieu la floraison de l'olivier. L'arbre se couvre de petites fleurs blanches parfumées et regroupées en grappes. Seulement 8 à 10 % de ces fleurs seront effectivement fécondées.
L'olive commence à grossir au cours de l'été; en août, l'arbre procède à un éclaircissage naturel puis l'olive atteint son calibre maximum dès le mois d'octobre. Peu à peu, les fruits mûrissent les uns après les autres. Ils sont verts jusqu'au 15

Une acctivité séculaire : la cueillette des olives. Photo prise à la fin du XIXe siècle dans la campagne grassoise (Alpes-Maritimes)

novembre, jaunissent (ils "*tournent*" comme disent les Provençaux) puis passent au brun rouge et, selon les qualités, noircissent à maturité complète.

Certaines qualités deviennent effectivement bien noires (Cayon, Tanche, Picholine, Lucques...), d'autres (Cayet roux) restent à pleine maturité plutôt couleur brun rouge tacheté.

L'olivier vit très longtemps (lorsqu'il n'est pas ravagé par les incendies). Dès la 5° ou la 6° année, il commence à produire des fruits. Au bout de 15 à 20 ans, il atteint sa pleine production qu'il assurera jusqu'à l'âge de 150 ans environ. Notons au passage que 150 ans est également la durée de vie de la tortue terrestre, autre hôte du pays varois.

Après cet âge, sa production est aléatoire, et l'on peut alors procéder à un recépage. L'arbre est coupé et constitue la matière première pour confectionner de nombreux objets d'art en bois d'olivier. Après recépage, il repart en émettant de nombreux rejets qui seront éclaircis, éventuellement greffés et l'arbre repartira pour un nouveau cycle de plus d'un siècle.

L'olive

L'olive est un petit fruit ellipsoïdal d'environ 2 cm de longueur qui comporte un noyau lui-même allongé. C'est la partie charnue (ou pulpe) qui est comestible; à pleine maturité c'est elle qui contient l'huile: de 15 à 25 % en poids selon les variétés. On n'imagine pas le nombre impressionnant d'éléments que comporte ce petit fruit. Il n'y a pas moins de 10 minéraux (sodium, magnesium, fer, cuivre...); les acides sont au nombre de 6 ou 7; on y trouve aussi 3 vitamines A, D et F, des pigments, de la cire, de la chlorophylle, de l'eau (pour les 2/3 de son poids) et divers autres éléments. Parmi les acides, deux ont une grande importance:
- L'acide oléique: c'est son pourcentage qui détermine l'indice d'acidité de l'huile et donc le classement en huile vierge extra, huile vierge, huile vierge courante...
- Un acide organique amer...dont nous allons reparler ci-dessous.

Vertes ou noires

Comme nous venons de le voir, toutes les olives deviennent noires (ou presque) lorsqu'elles sont mûres; les olives vertes sont donc (à peu près) les mêmes variétés que l'on cueille avant maturité (véraison), soit avant le 15 novembre. Voir plus loin quelques indications sur les variétés.
Vertes ou noires, le but de la " préparation" des olives est d'assurer leur "désamérisation", c'est-à-dire leur ôter cet acide organique amer (environ 2 % du fruit frais): l'oléopicrine qui les rend impropres à la consommation en l'état.

Le phénomène chimique de la préparation est une neutralisation de cet acide à l'aide d'une base, d'une solution alcaline qui peut être à base de potasse, hydroxyde de potassium KOH (d'où la recette à l'ancienne à la cendre de bois que nous verrons plus loin) ou à base de soude, hydroxyde de sodium NaOH (également contenue dans la cendre de bois).
Cet acide organique (1), l'oléopicrine, appelé également oleuropéoxide ou oleuropéïne, a la propriété d'être soluble dans l'eau; ceci explique et permet de comprendre la pratique ancestrale de la désamérisation " à l'eau" souvent encore mise en oeuvre dans les familles des campagnes provençales que nous allons décrire dans les paragraphes suivants.

---

(1) Voir l'ouvrage " L'olivier" par R. Maillard (INVUFLEC 1975).

PREPARATION DES OLIVES

Préparation des olives vertes

Cueillette

La cueillette s'effectue donc à partir de fin septembre - début octobre, jusqu'aux environs du 20 novembre; cela dépend des qualités, des conditions climatiques de l'année mais aussi du goût de l'oléiculteur.

Cette cueillette a lieu d'autant plus tôt qu'on les aime plus fermes, plus dures, et l'on bénéficiera aussi d'une couleur "vert olive" bien uniforme. Les anciens de Trans- en-Provence ont une expression fort bien imagée:"il faut faire attention de les cueillir avant qu'elles ne tournent!"

La cueillette des olives vertes est une opération qui doit être conduite avec un soin tout particulier afin d'éviter de les meurtrir. En effet, non seulement les fruits meurtris sont impropres à la mise en conserve, mais en plus, le contact tâche les autres fruits. De surcroît, un fruit meurtri n'est pas forcément détecté immédiatement. Incorporé aux autres, il accélérera le processus de dégradation du bocal tout entier.

Notons que l'utilisation d'un panier en osier pour effectuer cette cueillette permet une bonne aération; cela évite toute transpiration ou fermentation des olives et leur qualité intrinsèque sera conservée intacte.

La cueillette des olives destinées au moulin à huile s'effectue, tout au moins dans la tradition des villages provençaux, d'une manière différente, sujet que nous traiterons dans un prochain ouvrage.

Triage

Après la cueillette, on peut procéder à un triage et à un calibrage (les plus méticuleux le font).

Le triage consiste à rejeter les fruits abîmés ou piqués par les parasites; seuls les fruits bien sains et de couleur uniforme seront gardés.

Calibrage

Pour le calibrage, chaque région, chaque village a ses habitudes; il est fonction des variétés dont on dispose. Mis à part l'Ascolana qui est une variété nouvelle, dont on ne retrouve pas la mention dans les traditions provençales anciennes et qui est très grosse (environ 10 fruits à l'hectogramme), on trouve très schématiquement les gros fruits à l'ouest de la Provence (Tanche : 20 fruits à l'hecto) et les petits fruits à l'est (Cailletier ou niçoise : 70 fruits à l'hecto).

Le Cayon est une variété de table typiquement varoise; elle est assez petite (45 à 50 fruits à l'hecto) et mûrit assez tôt (vers la fin décembre); les oiseaux en sont friands !

Une façon courante de procéder au calibrage est de constituer 2 lots: les grosses de 20 à 30 fruits à l'hecto et les autres de plus de 30 fruits.

Le calibrage permet d'obtenir des bocaux contenant des fruits ayant à peu près tous la même grosseur (plus agréable à l'œil) ce qui présente surtout l'avantage d'obtenir une désamérisation uniforme, donc un goût bien homogène, ce qui est agréable...au palais.

En effet, il ne faut pas oublier qu'au cours de sa conservation dans la saumure (comme nous le verrons plus loin) l'olive continue sa désamérisation. Il se produit par conséquent une lente dégradation de la qualité organoleptique et donc de sa conservation.

Cela impose de conduire la désamérisation en fonction de la durée de conservation que l'on veut obtenir.

Désamérisation

Traditionnellement, et depuis sans doute bien longtemps, les Provençaux consomment des olives à n'importe quel moment de l'année. L'opération de désamérisation doit pour cela être conduite délicatement et d'une manière précise: désamérisation rapide pour consommer de suite (au bout de 2 à 4 semaines quand même) ou désamérisation lente et graduelle pour conservation jusqu'à la prochaine récolte.

Quelques généralités

• La désamérisation est proportionnelle au temps de trempage des olives dans la solution alcaline: plus les olives trempent longtemps, plus elles seront désamérisées.

• La désamérisation est proportionnelle à la concentration de la solution alcaline: plus une solution est concentrée, plus les olives seront désamérisées rapidement.

• La désamérisation est proportionnelle à la température du bain: plus la température est élevée, plus les olives seront désamérisées. On a compté que pour une élévation de la température de 10°C, le temps de trempage doit être réduit d'environ 4 fois, ce qui est loin d'être négligeable.
Il semblerait que le meilleur résultat soit obtenu pour une température de l'ordre de 18°C.
Cela nous ramène à un souvenir d'enfance où nous avions l'impression que les concentrations utilisées paraissaient plus faibles; il semble bien que cela était dû à l'influence de la température car autrefois ces préparations étaient faites en des lieux qui n'étaient pas chauffés; la température ne devait pas être supérieure à 10°C, ce qui explique que les olives trempaient souvent toute une matinée.
La concentration que nous allons indiquer ci-dessous a toujours été à peu près la même; ce qui a changé, c'est que l'on opère maintenant dans des locaux plus ou moins chauffés et cette élévation de la température du bain diminue donc le temps de trempage.
Il est évident que la température dont il est question ici est un ordre de grandeur, mais qui suppose un ensemble homogène: température ambiante, température de bain et température des olives elles-mêmes. l'ensemble est supposé être donc à une température moyenne de l'ordre de 18°C.

• La désamérisation est proportionnelle à la maturité des olives: pour une même concentration du bain, plus

l'olive est mûre, plus le temps de désamérisation (de trempage) doit être court. La proportion d'oléopicrine (2%) diminue; certaines qualités arrivent même, à pleine maturité, à pouvoir être consommées directement.

• Plus la désamérisation est lente, plus elle est homogène et meilleur sera le résultat final.

• Enfin une règle essentielle dont il faut bien se souvenir: plus les olives sont désamérisées, moins elles se conserveront longtemps.

Certains pays méditerranéens pratiquent une désamérisation conduite de façon à obtenir une fermentation contrôlée des fruits. Toutes les recettes que nous allons relater ont pour but, au contraire, d'empêcher tout départ de fermentation, ce qui permet à la fois, tout en respectant la tradition française, d'éviter une altération de la présentation de l'olive (atténuation de la couleur, marbrures, ramollissement de la chair), mais aussi de conserver à l'olive son bon goût de fruit naturel.

Désamérisation à l'aide d'une solution alcaline

Cette préparation s'opère en 3 temps:

1. Trempage des olives dans le bain alcalin pendant un temps limité.

2. Rinçage des olives et prise de sel.

3. Mise en bocaux dans une saumure aromatisée pour conservation.

• *Préparation du bain de trempage*

Produit utilisé

Comme nous l'avons vu, ce bain en solution peut être à base de potasse ou à base de soude.
Hors mis les 2 procédés anciens que nous verrons plus loin, d'une manière traditionnelle les Provençaux utilisaient le lessif concentré vendu à la pharmacie du village (ou à celle de celui d'à côté!).
Il s'agit d'une solution concentrée d'hydroxyde de sodium NaOH à 10 N, soit 10 moles par litre, soit 400 g/litre (399,6 g/l à 15 °C exactement) de NaOH pur par litre puisque le poids moléculaire a pour valeur 22,99 + 16 + 1,01 = 40 g.
Ce produit est appelé “lessive de soude”.

A gauche, remarquer le panier en osier ainsi que sa forme qui lui permet de rester suspendu au cou, libérant ainsi les deux mains pour effectuer la cueillette dans de bonnes conditions.
Au centre, la bouteille de lessive de soude de concentration 10 N vendue en pharmacie.
A droite, un récipient contenant le bain de trempage constitué par 1 partie de lessive de soude et 9 parties d'eau.
Au premier plan, les 3 aromates les plus utilisés : thym, laurier et fenouil.

On utilise quelquefois du "potassium liquide" et dans ce cas il y a lieu de faire attention. Il peut s'agir soit d'hydroxyde de potassium KOH, qui est une solution aqueuse au 1/10 de potasse caustique (obtenue en dissolvant 111 g de potasse pure dans 889 g d'eau distillée), soit de potasse caustique liquide, qui est une solution aqueuse à 33,33 % de son poids d'hydroxyde de potassium. Le second produit est 3 fois plus concentré.
S'il s'agit d'hydroxyde de potassium, la concentration est de 2N soit 2 moles par litre (en effet, le poids moléculaire est de 39 + 16 + 1 = 56 et 56 x 2 = 112 soit environ 111 g valeur indiquée ci-dessus).
S'il s'agit de potasse caustique liquide, la concentration est de 6N soit 6 moles par litre.
Bien des amateurs ont remarqué que les meilleurs résultats "au goût" sont obtenus en utilisant la lessive de soude (hydroxyde de sodium) plutôt que la potasse (hydroxyde de potassium). Peut-être cela est-il dû au fait que la conservation ultérieure des olives se fait dans une saumure, c'est-à-dire un mélange d'eau et de sel (chlorure de sodium ClNa).

Préparation

La préparation du bain consiste à diluer au dixième la lessive de soude (hydroxyde de sodium NaOH) vendue en pharmacie. Une fois déterminé le volume du bain nécessaire, on le constitue par:
- 1 partie de lessive de soude
- 9 parties d'eau
que l'on verse dans un bac en remuant légèrement.
Le bain obtenu a donc une concentration d'environ 40 g d'hydroxyde de sodium par litre.
Le bain et les olives triées, et éventuellement calibrées par petits tas sont laissés un moment au repos afin d'obtenir une homogénéisation de la température de l'ensemble.

Remarque: dans le cas de l'utilisation de la potasse, pour obtenir un bain de trempage d'une concentration 56g/litre il y aurait lieu de:
- diluer par parties égales (moitié-moitié) si on utilise

l'hydroxyde de potassium à 2N.
- diluer au 1/6 (5 parties d'eau, 1 partie de potasse) si on utilise la potasse caustique liquide à 6N.

• *Trempage des olives*

Les olives sont mises à tremper dans le bain; afin de garder une coloration uniforme, on veillera à ce qu'elles soient toutes bien immergées. Il y a lieu en effet d'éviter au maximum le contact de l'air: mise en place d'un petit sac de jute (ou d'un torchon de cuisine) à la partie supérieure du bac de trempage surmonté d'une planche préalablement nettoyée.
Le temps est décompté dès le début de l'immersion des olives.
Toujours pour éviter l'altération de la couleur, il vaut mieux opérer dans une pièce qui ne soit pas éclairée d'une lumière trop vive. Il faut bien se souvenir que l'air et la lumière altèrent la couleur.
La durée du trempage est de l'ordre de 3/4 h à 1 h 1/2, mais il y a lieu cependant d'exercer une surveillance constante dès que l'on atteint la 1/2 h de trempage. A partir de cet instant, il faut périodiquement prélever des olives afin de vérifier la pénétration du lessif à l'intérieur de la pulpe, de la partie charnue de l'olive (la fréquence des prélèvements étant fonction de la vitesse de pénétration).
D'un coup d'ongle jusqu'au noyau, on enlève un morceau de chair et l'on observe, au niveau de la coupe, une coloration foncée de la chair qui est un témoin de cette pénétration du lessif de l'extérieur vers le noyau.
Le trempage sera terminé lorsqu'on observera une pénétration d'environ:
- la moitié de la chair pour une conservation des olives de longue durée.
- les 2 tiers de la chair pour une rapidité moyenne de conservation.
- la presque totalité de la chair pour une consommation rapide.

Si l'on dispose d'un grand bac de trempage, l'on opère de façon graduelle: on retire les olives au fur et à

A droite, Picholines conservées d'une année à l'autre.
Au centre, Cayet Roux fraîchement cueillies prêtes à accommoder.
A gauche, prêtes à consommer, les olives peuvent être mises dans ce type de récipient qui orne agréablement la table.

mesure, d'abord celles qui seront gardées plus longtemps, ensuite les moyennes puis au bout d'environ 1 h à 1 h 1/2 (cela dépend des qualités et de la date des cueillettes) celles qui seront consommées les premières.
Il faut bien se souvenir que, plus que le temps, c'est la pénétration du lessif qui détermine la fin du trempage.

• Rinçage - Prise de sel

Procédure de rinçage

A mesure qu'elles sont retirées, les olives sont mises à tremper dans le bac de rinçage (éviter toujours le contact avec l'air).
L'eau est renouvelée au bout de quelques heures puis ensuite toutes les 24 h pendant 3, 4 ou 5 jours; le rinçage est terminé lorsque l'eau qu'on jette reste bien claire et perd cette couleur de rouille qu'elle a au début de rinçage.

Prise de sel

Certains amateurs profitent de la dernière eau de rinçage pour faire une "prise de sel"; cette dernière eau est remplacée par une saumure (mélange d'eau et de sel ClNa) à 5 % soit 50 g de sel par litre d'eau. Ils laissent ainsi leurs olives dans cette saumure 24 ou 48 heures.

Mise en conserve

Les aromates

C'est la dernière partie de la préparation, celle où chaque amateur met une touche personnelle avec un choix judicieux des différentes plantes aromatiques utilisées seules ou assemblées les unes aux autres.
Les trois plantes les plus utilisées dans les villages provençaux sont celles qui poussent d'ailleurs dans l'oliveraie elle-même; on les trouve aux bords de celle-ci dans les "ribes", mot d'argot provençal qui désigne la végétation sauvage qui sépare les plantations :

- le fenouil sauvage
- le thym (*farigoulette* ou "*farigoulo*" en provençal)
- le laurier ("*baguié*")

La proportion est la suivante:

- fenouil: suffisamment
- thym: pas mal
- laurier: assez

Cela peut prêter à sourire mais il s'agit bien de la touche personnelle de l'amateur!
"Et celui qui fait cela pour la première fois?" dira-t-on.
Eh bien! Il adapte la proportion à la quantité d'eau utilisée; un petit bouquet sera nécessaire pour colorer et parfumer agréablement la saumure. Il aura ensuite la fierté de modifier les quantités de plantes utilisées selon son propre goût la fois suivante car " préparer ses olives" deviendra une habitude dont il sera désormais difficile de se débarrasser.

Nous avons parlé des 3 plantes aromatiques les plus utilisées mais on peut aussi prendre d'autres parfums. Dans certaines familles, on ajoute quelquefois (sans excès cependant) coriandre (autre plante méditerranéenne), cannelle, voire même écorce d'orange.

Conservation en saumure aromatisée

• Préparation

Choisir une marmite de grandeur suffisante pour la quantité d'eau dont on a besoin. Pour cela, tenir compte que les bocaux doivent être pleins et le liquide recouvrir entièrement les olives.
Mettre la marmite et l'eau sur le feu.
Ajouter le sel dans la proportion 10 % (c'est-à-dire 100 g de sel par litre d'eau).
Mettre les aromates; couvrir.

L'ensemble est porté à ébullition durant quelques minutes. Le feu est arrêté, le tout doit infuser jusqu'au complet refroidissement.
Pendant ce temps, les olives sont mises en bocaux, triées par grosseur, de manière à ce qu'elles remplissent ceux-ci jusqu'à 2 cm du bord environ.
Lorsqu'elle est prête, la saumure est alors soigneusement filtrée au travers d'un tamis ou d'une passoire munie d'une pièce de fil.

• Mise en conserves

La saumure qui est alors limpide, colorée et parfumée, sert à remplir les bocaux en ayant soin de recouvrir complètement les olives, ceci afin d'éviter, comme nous l'avons vu, tout risque de décoloration mais aussi l'assèchement qui ne manquerait pas de se produire dans le temps.
Il ne reste plus qu'à fermer les bocaux et mettre l'étiquette portant mention de la variété, de la date de mise en conserve et autres renseignements (voir "rangement conserves").
Il est bien évident qu'au cours de la dernière opération, les olives sont goûtées afin de classer chaque bocal en fonction de la durée de conservation. Celui qui est à consommer en premier doit être surveillé afin de calmer notre impatience !

Autres procédés de désamérisation

Il s'agit essentiellement de deux procédés très anciens fort utilisés autrefois dans notre région :
- désamérisation à la cendre de bois.
- désamérisation à l'eau.

D'autres procédés existent bien sûr car chaque village, chaque campagne a ses habitudes et nous en dirons quelques mots plus loin.

Désamérisation à la cendre de bois

De tout temps, la cendre de bois a permis de constituer un lessif d'utilisation multiple, notamment pour faire la lessive du linge de maison. Ces cendres renferment en effet environ 15% de sels alcalins solubles dont 60% de potasse et 40% de soude.
100 g de cendres de bois contiennent donc :
- 100 x 0,15 x 0,6 = 9 g de potasse et
- 100 x 0,15 x 0,4 = 6 g de soude.

L'adjonction d'eau dans les cendres constitue par conséquent une solution alcaline à base de potasse et de soude.
Les anciens des villages, ou plutôt la synthèse de leurs pratiques permet de préciser :

> LE POIDS DES CENDRES À UTILISER EST ÉGAL AU POIDS DES OLIVES À DÉSAMÉRISER.

Oliviers pluricentenaires dans les jardins de la villa Renoir à Cagnes-sur-Mer

• Utilisation sous forme de pâte

Dans un bac, on place la quantité déterminée de cendres de bois fraîches et tamisée, sur laquelle on verse de l'eau bouillante de manière à constituer une pâte assez liquide mais pas trop quand même.
Après refroidissement, mettre les olives à tremper.
Remuer tous les jours pendant une semaine environ.

Lorsque l'on observe la coloration foncée de la chair, témoin de la pénétration du lessif jusqu'à 1 mm du noyau (revoir plus haut), les olives sont retirées du bain.
On procède ensuite comme ci-dessus : voir "rinçage" et "conservation".

• Constitution d'un lessif à la cendre

Certains amateurs préfèrent constituer un lessif en faisant bouillir (dans une lessiveuse) la cendre de bois avec un excès d'eau (mêmes proportions de cendres que

A gauche, autre forme de panier en osier. A droite, bonbonne à goulot large quelquefois utilisée pour la préparation des olives vertes ou noires. Remarquer la forme particulière de la cuiller en bois munie de trous permettant de recueillir des olives à l'intérieur de la bonbonne.

ci-dessus). Au bout de quelques instants cette solution est refroidie et filtrée.
Ainsi préparée, elle constitue le bain de trempage et l'on procède comme précédemment; le temps de trempage est tout à fait comparable à celui indiqué plus haut et l'on remue également les olives tous les jours.
Lorsque le lessif a suffisamment pénétré, on procède comme indiqué aux paragraphes "rinçage" et "conservation".

Désamérisation à l'eau

Comme nous l'avons vu, l'oléopicrine étant soluble dans l'eau, il suffit de mettre les olives à tremper dans l'eau d'un bac, ou d'une bonbonne à goulot large munie de sa cuillère en bois spéciale pour retirer les olives en vue de les goûter. Cette eau sera renouvelée chaque jour pendant une durée variable selon les variétés mais qui est de l'ordre de 15 à 20 jours.
Lorsque l'on constate que l'amertume a presque totalement disparu, on procède comme indiqué ci-dessus (voir conservation en saumure aromatisée).

Préparation des olives noires

Dans la région de Draguignan, de mémoire des anciens, les olives noires se préparent essentiellement au sel.
Nous verrons d'autres recettes mais c'est quand même au sel qu'elles ont été et sont le mieux appréciées.
La prise de sel est faite soit tout de suite pour pouvoir les consommer rapidement, soit elle est différée afin de les conserver plus longtemps.
Dans ce dernier cas, un soin tout particulier doit être apporté au triage; les olives doivent être saines; elles sont mises en l'état dans des récipients en vue de leur conservation: bocaux ou petites bonbonnes spéciales à goulot très large. L'ensemble est conservé si possible

au frais et à l'abri de la lumière. Elles seront préparées, comme nous le verrons, seulement au moment de les consommer.
Nous verrons aussi une recette d'olives noires à la saumure.

Olives noires au sel

Les olives sont cueillies de façon sélective, c'est-à-dire qu'un premier tri est opéré sur l'arbre lui-même.
Elles sont choisies suivant les variétés à des dates correspondantes à la pleine maturité.

A droite, Entrecastellen (Cayon) conservées en l'état d'une récolte à l'autre. A gauche, Leccio préparées.

Dans le Var, une des plus anciennes variétés de la région est le Cayon, très souvent appelée "Entrecastellin" car la tradition populaire attribue son origine du côté d'Entrecasteaux (village situé entre Salernes et Carcès). Son orthographe peut être "Entrecastellen" ou "Entrecastellenc" par analogie à d'autres variétés : "Salonenc" (Salon), "Varagen" ou "Varagenc" (Varages), "Grassenc" (Grasse)...
Le Cayon a une maturité assez précoce et c'est la première olive que recherchent les oiseaux; certains anciens disent : "on cueille fin décembre, début janvier ce que les oiseaux ont bien voulu nous laisser!" Cette variété est très rapidement consommable; il s'agit de belles olives, plutôt rondes, bien noires, pas très grosses mais le noyau est lui-même très petit; la chair est pulpeuse, fondante et la peau très fine se confond avec la chair.

A droite, Ascolana préparées.
A gauche, Leccio en cours de désamérisation à l'eau.

Des variétés de table plus récentes ont été introduites dans les oliveraies reconstituées après les gelées mémorables qui, remarquons au passage, se sont produites environ tous les 30 ans : 1929, 1956 et 1985. Il s'agit généralement d'olives d'un calibre plus gros : la Tanche bien noire et plissée, la Picholine et la Lucques qui sont des olives de forme plus allongée, bien lisses mais souvent de maturité plus tardive. La Leccio, pas très grosse et plutôt ronde, et l'Ascolana, très grosse, sont généralement cueillies en vert.

Enfin une variété très ancienne, le "Cayet roux" quelquefois appelé plant de Figanières, s'utilise surtout en vert, car c'est une très belle olive bien ferme, mais à maturité, sa couleur n'est pas homogène; elle ne devient pas tout à fait noire, elle reste d'une couleur brun roux (d'où son nom) et elle possède une peau assez épaisse et plutôt rêche.

Olivier chargé de fruits au Val (Var).

Olives à consommer rapidement

Après qu'elles ont été triées et calibrées, les olives sont piquées une à une à la fourchette pour favoriser l'extraction du liquide de végétation et l'action de désamérisation du sel.
Mettre les olives dans un récipient ouvert: grand bol, saladier, grande assiette...
Y ajouter un brin d'aromates (feuille de laurier, brin de fenouil, brin de thym) mais très peu pour parfumer tout en gardant le goût spécifique de l'olive.

Saupoudrer de sel, assez pour les recouvrir, et bien secouer pour obtenir une répartition uniforme; laisser reposer.

Secouer tous les jours en faisant sauter les olives d'un mouvement très sec et verser le liquide brunâtre qu'elles rendent. Ajouter de temps en temps un peu de sel.
La désamérisation dure une bonne semaine; lorsqu'elles sont prêtes et qu'elles ne rendent plus d'eau :

Mettre les olives dans le récipient définitif de présentation (pot en verre ou en grès, petit bocal) en ayant soin de :
- saupoudrer légèrement de poivre moulu.
- verser quelques gouttes d'huile (d'olive bien sûr!) pour bien les humecter.
- bien secouer quelques instants pour uniformiser la préparation.

Très vite, les olives prennent ainsi un bel aspect brillant et fort appétissant.

Olives à conserver

Comme il est dit plus haut, un soin tout particulier doit être apporté au triage des olives à conserver pour consommation tout au long de l'année. Elles doivent être sèches, au besoin essuyées pour éviter la prolifération éventuelle de bactéries, puis mises en l'état dans un récipient de conservation qui peut être un bocal, une bouteille une petite jarre à l'intérieur émaillé, ou une bonbonne spéciale.

Il peut être ajouté, au choix et au goût de chacun un brin de thym, de fenouil ou quelques feuilles de laurier.

Chaque récipient sera soigneusement bouché et rangé dans un local à l'abri d'une lumière trop vive et d'une trop grande variation de température.

Par la suite, au fur et à mesure des besoins, en s'y prenant quelques jours à l'avance, il suffit d'effectuer une préparation identique à celle du paragraphe précédent, mais simplifiée:

- extraire la quantité d'olives désirée.
- mettre les olives dans un petit récipient.
- saupoudrer de sel et bien secouer, laisser reposer en l'état si les olives ne sont pas totalement désamérisées.
- si elles sont prêtes, saupoudrer de poivre moulu.
- verser quelques gouttes d'huile d'olive.
- remuer à nouveau.

Il faut bien remarquer que dans les 2 cas l'huile d'olive n'est ajoutée qu'au moment de la consommation car la conservation s'en trouverait altérée, l'ensemble prenant assez rapidement un goût de rance.

Bien se souvenir que l'olive, et surtout l'huile sont au contraire du vin : le temps n'arrange pas les choses.

Olives noires à la saumure

Comme nous l'avons vu, pour conserver les olives à la saumure il faut qu'elles soient bien fermes; et ce n'est pas là une des qualités premières des olives noires (donc mûres) qui deviennent molles ("pénèques" en jargon provençal) à mesure du mûrissement.

Certaines variétés, notamment parmi les plus petites (à partir de 30 à 35 fruits par hectogramme) demeurent cependant assez fermes et pourront être préparées à la saumure.

Ouvrons là une petite parenthèse au sujet de la grosseur de l'olive et de la variété. L'olivier est un arbre fruitier comme les autres; il n'y a donc pas toujours

correspondance systématique; la grosseur dépend de la variété bien sûr mais aussi et surtout du climat, du temps de l'année et de la façon culturale de l'olivier. Bien soigné et régulièrement entretenu, un olivier produira des fruits dont la grosseur peut aller du simple au double par rapport à un état antérieur.
La préparation consiste donc à effectuer une désamérisation à l'eau et une conservation en saumure aromatisée, en remarquant que la désamérisation sera plus rapide (voir plus haut). On procède ensuite comme indiqué au paragraphe *"Conservation en saumure aromatisée".*

Autres recettes

"Il y a autant de recettes qu'il y a eu de provençaux depuis l'Antiquité !" entend-on parfois dans les campagnes. Sans aller jusque là, quelques-unes d'entre elles remontent au temps des Romains, qui conservaient les olives dans des jarres ou des amphores.

Voici quelques récipients anciens qui servaient à conserver les olives.

On a retrouvé une préparation qui devait se faire vers la fin septembre ou début octobre, probablement avec des olives encore vertes ou peut-être, pour certaines variétés avec des olives ayant déjà tourné, car on y parle de verser sur les olives, sans doute salées, du moût de vendange ou même du vin cuit, ou du soumoustat.
Les anciens étaient plus habitués que nous au mélange des goûts avec le vin pour dénominateur commun; il n'est qu'à se souvenir du fameux " chabrot" qui consistait à rajouter une rasade de vin rouge dans son assiette lorsqu'on avait presque terminé le potage du soir.
Par la suite, l'usage des plantes aromatiques, fenouil d'abord, thym, laurier et coriandre ensuite, s'est développé et a permis de parfumer des préparations qui souvent avaient un goût de sel prononcé.
Afin d'accélérer l'opération de désamérisation, certains ont eu l'idée d'écraser les olives pour favoriser l'action du lessif. De là, sont nées des recettes encore en usage aujourd'hui. Il est à noter que seule la chair de l'olive est écrasée; outre l'action du lessif, cela a l'avantage de faire pénétrer davantage les parfums des différents arômes au coeur de l'olive.
Il existe donc bien d'autres recettes souvent mises en oeuvre dans les campagnes de Provence, et on pourrait les résumer en les qualifiant de "procédés de désamérisation rapide".
Le principe est le suivant: utiliser de l'eau très chaude pour ébouillanter les olives, ce qui a pour effet d'accélérer la désamérisation.
Vertes ou noires, la préparation est la même, en remarquant que pour les olives noires, qui ont déjà - nous le

savons - perdu une partie de leur amertume, il conviendra de limiter l'opération dans le temps.

• Mettre de l'eau à bouillir.
• Tremper les olives, à l'aide d'une passoire ou d'un tamis, quelques secondes dans cette eau bouillante.
* Renouveler 1 ou 2 fois en attendant une journée entre chaque opération.

Lorsque l'on constate qu'elles sont désamérisées, on procède comme au chapitre traitant de la " conservation en saumure aromatisée".

En variante de cette méthode, on peut constituer une première saumure aromatisée à 5 % (50 g de sel par litre d'eau) que l'on met à bouillir.
Arrêter le feu, plonger les olives et laisser en l'état durant plusieurs jours. Lorsque l'on constate qu'elles sont désamérisées, on fait une nouvelle saumure aromatisée à 10 % que l'on utilisera comme au chapitre "conservation en saumure aromatisée".
Ces procédés ont surtout pour but d'accélérer la désamérisation mais il semble bien que seules certaines variétés supportent ce traitement:
- on observe souvent un ramollissement des olives.
- les couleurs sont altérées : les vertes deviennent foncées, les noires prennent une couleur de terre.

De bons résultats sont cependant obtenus dans les familles... à l'amateur d'essayer et de faire son choix. Il faut remarquer cependant que la durée de conservation est plus limitée.

SOINS ET ENTRETIEN APPORTES AUX OLIVIERS

Nous avons évoqué la nécessité de bien soigner les oliviers si l'on veut obtenir un produit de qualité lors de la mise en oeuvre de nos recettes. Faisons part de quelques idées générales sur les soins à donner aux oliveraies.

Certes, aucun soin ne pourra pallier une météorologie particulièrement néfaste; l'olivier n'aime pas les temps humides ou brumeux, surtout au moment de la floraison. Une pluie, quelle que soit la saison, ne doit pas durer plus d'une demi-journée. L'idéal correspond à des pluies courtes et échelonnées tout au long du printemps, et s'il y en a une ou deux en été, elles seront bienvenues.

Par contre, une façon culturale bien menée influence les récoltes tant en qualité qu'en quantité.

Nous ne parlerons pas de la culture intensive moderne qui semble vouloir se développer dans les plaines et plus particulièrement vers le sud-ouest; des expériences sont actuellement menées concernant:
- le désherbage chimique
- l'irrigation au goutte à goutte combiné à une fertilisation par apports d'engrais liquéfiés.

Indiquons seulement quelques principes d'une culture extensive, traditionnelle dans les campagnes provençales, car autrefois, l'important était d'obtenir des récoltes sans mise de fond importante et si possible sans rien dépenser du tout! Il faut cependant savoir faire un minimum de travail, qui ne sera jamais perdu.

Oliveraie en friche à Castellar (Alpes-Maritimes)

L'olivier est reconnaissant vis à vis de celui qui prend soin de lui; témoin ce vieux proverbe provençal :

"TANT MAI L'OME LI FA, TANT MAI L'OME N'EN TIRO"

AUTANT L'HOMME LUI EN FAIT (DES TRAVAUX), AUTANT L'HOMME EN RETIRE!

Un autre dicton nous a été rappelé par M. Hubert Roux de Trans-en-Provence :

"VOUGNE MI LOU PED, TE VOUNGNERAI LOU BE"

GRAISSE-MOI LE PIED, JE TE GRAISSERAI LE BEC!

Ces dictons populaires indiquent que de tous temps, les Provençaux ont remarqué la nature particulièrement généreuse et reconnaissante de l'olivier.

Tuteurage d'un jeune olivier à-peine planté

Plantation

Avant la plantation, il faut avoir soin de procéder à un labour profond ("défoncer la berge à planter", disaient les anciens). Cela permet en effet de :

- ôter les plus gros cailloux.
- assainir le terrain en enlevant les débris végétaux qui sont toujours la source de futures maladies.
- régénérer la couche superficielle de terre arable.

On profitera de ce labour pour enfouir une fumure de fond à la fois organique (fumier, tourbe, gadoues) et minérale, par un engrais binaire P.K., acide phosphorique et potasse.

Il est bon de laisser ensuite le terrain au repos pendant une année.

La plantation proprement dite se fera par plants racinés avec

des variétés que l'on aura choisies certifiées. Elle aura généralement lieu en février dans un trou que l'on remplira de terre plus ou moins fine. Les plants seront arrosés et l'on terminera par une couche de terre fine; cela évitera le dessèchement, car le sol ne se fendillera pas.
S'il est nécessaire de tuteurer, bien faire attention car cela est souvent source de dissymétrie dans la frondaison.

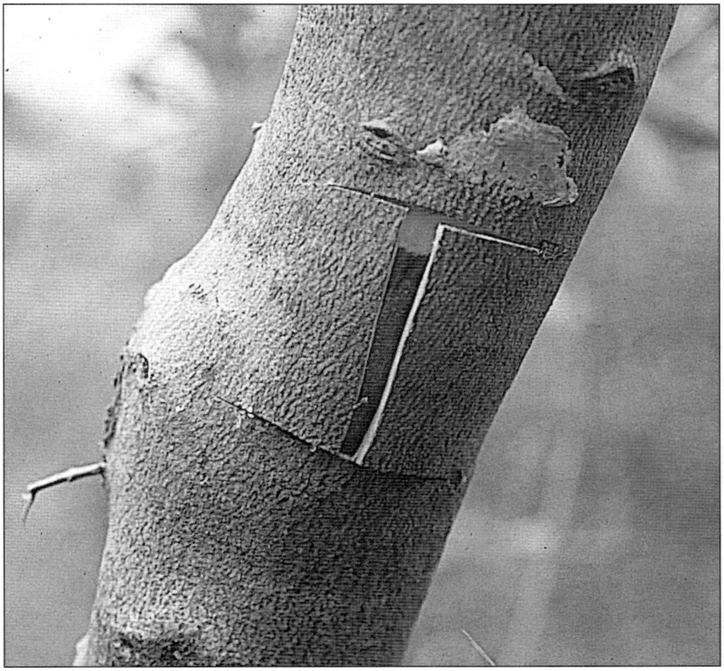

La greffe, opération très délicate, a été volontairement passée sous silence dans cet ouvrage. Ci-contre : au moment du greffage, le tronc est entaillé.

Fumure

L'olivier jeune ne nécessite pas d'autres fumures complémentaires. Par la suite, à l'âge de 4 ou 5 ans, il suffit d'une fumure d'automne, à l'aide d'un engrais ternaire N.P.K. 10.10.20 par exemple, à raison de 2,5 à 3 kg par arbre. Si l'on ajoute en même temps 10 à 15 kg de fumier puis un apport de 2 kg d'ammonitrate au printemps, l'arbre ne s'en plaindra pas...mais ce n'est déjà plus tout à fait une culture traditionnelle.

Taille

Le but de la taille est d'obtenir une charpente robuste et équilibrée, formant un gobelet destiné à aérer au maximum de frondaison. Par la suite, la taille est destinée à :
- poursuivre la formation de l'arbre.
- éclaircir et assurer la fructification.

Les anciens répètent que " l'on doit voir au travers de la frondaison un oiseau qui vient s'y percher"! Il y a encore un dicton provençal qui exprime cette nécessité en soulignant que c'est une assurance de bonne récolte :

" *ESPÉIO MI, TI VESTIRAI*"

DÉSHABILLE-MOI, JE TE VETIRAI!

Au sujet de cet éclaircissage, la taille doit être légère mais annuelle afin d'éviter une fructification alternée. Elle est traditionnellement effectuée en fin d'hiver (fin février, début mars).

Il faut brûler le plus rapidement possible le bois de taille pour éviter la prolifération des maladies, notamment le neiroun (voir plus loin); d'autre part, à partir du 15 mars, il est nécessaire d'obtenir une autorisation (délivrée par les services municipaux et valable jusqu'au 31 mai seulement) pour allumer le feu.

La nécessité de tailler tous les ans tient au fait que le cycle végétatif se fait sur deux ans. Après la taille, la première année, les rameaux croissent; la deuxième année, ces mêmes rameaux font des olives. L'activité biologique détermine en permanence une compétition : croissance d'un nouveau rameau ou production de fruits sur celui de l'année précédente.

Nos ancêtres affirmaient que la taille peut être effectuée à n'importe quel moment de l'année pour autant qu'elle soit limitée. Cette taille d'éclaircissage s'effectue en "cascade"; on doit supprimer les gourmands et les rameaux inclinés vers le sol. En les gardant plus près de la charpente, ils s'inclineront à leur tour l'année suivante; ils seront alors supprimés et ainsi de suite.

En citant le nom de "gourmand", cela nous rappelle un conseil qui nous avait été donné il y a bien longtemps,

et traduit à peu près en ces termes:
...Un arbre doit être beau;. ce qui plaît à l'oeil, plaît à la nature. Toute branche est un rameau ou un gourmand; si tu désires le laisser, tu l'appelles "rameau fructifère", si tu veux le couper, tu l'appelles "gourmand"! Ainsi, tu n'as pas de scrupule à le supprimer...

En marge de la taille, il faut citer l'ablation des gourmands qui poussent au pied de l'olivier, et qui doit se faire vers la fin du printemps, généralement avec un outil tranchant: binette ou petite pioche. Autrefois, c'était un travail qui était fait par les enfants à la sortie de l'école, et l'on trouvait cela pénible et ennuyeux...nous pouvons en témoigner!

Entretien des sols

Le système racinaire de l'olivier, au contraire de la vigne qui pourtant cohabite souvent dans les vergers provençaux, est superficiel. Les labours ne devront, par conséquent, ne jamais être très profonds.

Jeunes Cayet roux en cours de formation; arbre généreux, l'olivier est plein d'élégance. Remarquer la façon culturale : labours peu profonds mais fréquents permettant la destruction des mauvaises herbes et le maintien de l'humidité au sol.

- Un premier labour d'automne permet d'enfouir la fumure.
- Un second au printemps permet de lutter contre la prolifération des mauvaises herbes; il ameublit et aère le sol.
- Un troisième, au début de l'été, permet de limiter l'évaporation et lutter ainsi contre les effets d'une trop grande sécheresse.

Ces labours seront utilement complétés par un ou plusieurs binages autour de l'arbre sur un rayon correspondant à la frondaison. En effet, selon les années, les mauvaises herbes repousseront vite et il est nécessaire, au moment de la récolte, de disposer d'une surface de sol bien nette et bien propre.

Paraissant directement extraite d'un vieil album de famille, cette photographie de labour à la charrue a été prise en ... 1991 à Sospel (Alpes-Maritimes). (Cliché J.-P. Garacio - Revue "Le Haut Pays")

Lutte contre les maladies

Certaines maladies sont fréquentes, d'autres ne sont qu'occasionnelles. En théorie, les traitements doivent être adaptés à l'apparition de la maladie. Les syndicats d'oléiculteurs éditent des bulletins (comme le font les services de la viticulture) destinés à prévenir les maladies ou à effectuer des traitements curatifs lorsqu'apparaissent les premiers signes de la prolifération des parasites.

Pour simplifier, il semble que deux traitements suffisent s'ils sont appliqués au bon moment et dans de bonnes conditions.

• Le premier au réveil de la végétation, fin février si l'hiver a été particulièrement doux (ce sera une mauvaise année sans doute), mais le plus souvent mars ou début avril. Comme nous l'avons dit, l'olivier aime un hiver assez froid car cela tue la vermine et retarde aussi le départ de la végétation; ainsi l'arbre sera prému-

ni en cas de gelées printanières.
Ce traitement est à base de cuivre; on utilise la bouillie bordelaise à la dose de 1,5 à 2 kg pour 100 litres d'eau (soit 300 à 400 g pour une machine à dos classique de 18 litres).

Les organisations professionnelles agricoles organisent fréquemment des stages de formation. Ici, démonstration de traitement des maladies de l'olivier.

• Le second traitement doit se faire au début de la floraison, soit fin mai, début juin.

Une des maladies les plus fréquentes (en tout cas, celle qui se remarque le plus) est la fumagine, appelée plus couramment " Noir de l'olivier" à cause d'une poussière noire, semblable à de la suie, qui recouvre la surface des rameaux et des feuilles. Celle-ci empêche les échanges avec l'atmosphère et peut entraîner, si elle est étendue, l'asphyxie totale de l'olivier.
Pour lutter contre cette maladie, il y a lieu d'ajouter aux traitements indiqués à la bouillie bordelaise un produit à base de Methydathion (par exemple ultracide 20 du commerce) à la dose de 20 cm3 pour 10 litres d'eau, soit pratiquement environ 40 cm3 pour la machine à dos de 18 litres.

Cette fumagine se combat également par l'action mécanique de l'eau. La pluie peut suffire à enrayer la maladie; on préconisait autrefois de laver abondamment à l'aide d'une éponge, avec de l'eau additionnée d'eau de javel ou de permanganate de potasse. Il s'agit là d'un travail très long et minutieux, même si l'on se contente de ne laver que le tronc, la charpente et les principaux rameaux. La frondaison est alors traitée au pulvérisateur avec le même produit.

Deux autres maladies importantes provoquées par des insectes ravageurs se développent souvent dans les oliveraies provençales: le Neiroun, qui est un coléoptère, et le Dacus oléa, qui est une mouche : la mouche de l'olivier.
La présence de Neiroun s'extériorise par de la sciure qui apparaît sur le trou d'entrée de la galerie forée par la femelle sous l'écorce et sous le départ d'un rameau ou d'une brindille. C'est une attaque de printemps.
La présence de la mouche s'observe sur les olives elles-mêmes, soit sous la forme de piqûres (petits points marrons contrastant avec le vert de l'olive), soit, si les larves se sont déjà développées sous forme d'un petit trou dans la pulpe de l'olive, peu à peu celle-ci se dessèche et finit par tomber.

Dans les deux cas, lorsqu'ils observaient ces symptômes, les anciens parlaient de "chiron". Une phrase revient à la mémoire : "*En mai lou chiron, duou n'iagué qu'an pas brûla lei broundo*" - Ils (les oliviers) ont encore le chiron, il doit y en avoir (sous-entendu d'autres oléiculteurs dans le quartier!) qui n'ont pas brûlé les produits de la taille. Pour lutter contre ces maladies, lorsqu'elles sont installées, il faut effectuer des traitements spécifiques à base d'insecticides organophosphorés. Les résultats sont parfois contrastés.

Il existe malheureusement bien d'autres maladies, mais celles-ci sont celles qui sont le plus souvent observées. Souvenons-nous que la meilleure prévention est la propreté de l'oliveraie par brûlage de tous les débris végétaux, qui sont autant de nids pour tous ces virus. S'il prend cette précaution et s'il effectue les deux traitements indiqués, il est fort probable que l'oléiculteur sera à l'abri de toute surprise désagréable.

RANGEMENT DES CONSERVES

Nous avons remarqué que dans bien des familles, il n'est pas rare que quelques bocaux finissent par se gâter. Cela provient souvent du fait que la désamérisation se poursuit lentement au cours de la conservation. Au fil du temps la qualité se dégrade et l'on n'a pas su les consommer avant qu'il ne soit trop tard. Comment connaître la date optimale de consommation?

A gauche, Lucques, originaires de Trans, conservées et prêtes à consommer.
Au centre, Cailletier (olives de Nice) préparées.
A droite Entrecastellen (Cayon) conservées toute l'année et préparées pour consommation immédiate.

Pour mettre un point d'orgue à leur passion de faire déguster un produit de qualité, nos amis vignerons ont inventé le " livre de cave". Il sert à connaître exactement et à suivre dans le temps ce qu'ils ont décidé de conserver pour leurs amis.
Nous proposons de la même manière, de tenir (sous forme toute simple d'un cahier d'écolier) un " livre de conserve" qui servira à repérer chacun des bocaux, à noter les particularités, variétés, date de cueillette, temps de trempage, etc...
Très vite, l'amateur sera étonné des progrès qu'il va faire parce qu'il pourra ainsi, au vu des résultats, corriger la fois suivante chacun des paramètres qu'il aura su noter avec précision:

- correction des temps de désamérisation
- modification des dosages des aromates
- choix de tel aromate plutôt qu'un autre
- sélection plus rigoureuse de certaines variétés

Cela pourra même aller, pour certains, jusqu'à changer et améliorer la façon culturale de ses oliviers puisque, comme nous l'avons vu, cela n'est pas sans effet sur la qualité obtenue.

1509. - La Cueillette

Olives sur la Côte d'Azur

EN GUISE DE CONCLUSION

Transmettre l'expérience

Ce sous-titre peut paraître ambitieux pour qui se rappelle des phrases entendues telles que " l'expérience n'est pas transmissible" ou " l'expérience est une lanterne qui n'éclaire que le chemin parcouru"!
C'est peut-être vrai pour les activités créatrices de l'homme (en partie du moins!) mais il est un domaine, celui des recettes, où précisément la connaissance s'acquiert par une longue pratique jointe à l'observation...on retrouve là, presque mot à mot, la définition de l'expérience telle qu'elle est donnée dans le dictionnaire.

L'auteur de ce petit ouvrage n'est ni écrivain, ni un cordon bleu ayant l'art d'accommoder les recettes.
Il a simplement, outre son admiration quasi mystique pour l'olive et l'olivier, le goût de l'observation des générations anciennes, notamment sa mère à qui il dédie ce livre.
Il a voulu essayer de capter le savoir et le tour de main des Anciens. Un savoir accumulé depuis des temps immémoriaux et autrefois transmis oralement, ce qui n'est plus tout à fait le cas aujourd'hui avec l'éclatement des familles.
Cet ouvrage tente de les restituer et d'en faire bénéficier tous ceux qui aiment consacrer, de temps en temps, un moment de loisir pour mettre en oeuvre quelques recettes simples et agrémenter une rencontre entre amis.
Il suffit de présenter à l'heure de l'apéritif, un produit "maison" bénéficiant de la valeur toute symbolique d'une touche personnelle: vertes et noires, bien sûr!

Quelques recettes typiques

Cette conclusion serait probablement incomplète si, précisément, au moment d'évoquer un apéritif entre amis, on ne parlait pas de recettes simples à base d'olives et typiquement provençales : la tapenade et les olives à la dracenoise;

• *La tapenade*

Autrefois, au coin le plus ensoleillé du cabanon, on plantait au pied du mur, un petit arbuste le "tapenier" ou "câprier" (en provençal câpre se dit "*tapèno*"). De tout temps, les Provençaux ont utilisé ses baies pour confectionner une délicieuse pâte destinée à garnir une

Préparation d'une tapenade. Remarquer le mortier en marbre qui sert traditionnellement pour toutes sortes de recettes provençales, notamment l'aïoli. Il sert ici à broyer les olives, anchois et câpres.

tranche de pain grillée. Cette pâte est constituée, par parties à peu près égales (chacun accommodant à son goût) :
- de câpres confites au vinaigre
- d'olives noires dénoyautées
- d'anchois dessalés ou allongés à l'huile

L'ensemble est broyé dans un mortier, ou mixé; on ajoute très peu de sel et de poivre, et bien sûr un filet de bonne huile d'olive.

• *Olives à la Dracenoise (vertes ou noires)*

Prendre de belles olives préparées selon les recettes apprises plus haut et les dénoyauter.
Mettre une câpre à la place du noyau de chaque olive.
Saler et poivrer selon son goût si l'on utilise des olives noires.
Ajouter un filet d'huile d'olive.

Olives à la Dracenoise : à gauche, olives préparées, au centre olives noires servant à la préparation.

Pour faire suite à l'apéritif, voici pour terminer trois recettes qui constituent une entrée originale, dont deux font appel aux "tapèno" mais aussi aux oeufs durs.

• *Oeufs durs à la tapenade*

Préparer une tapenade.
Faire cuire les oeufs durs (faire bouillir 10 minutes).
Après les avoir écalés, les couper en deux dans le sens de la longueur.
Enlever le jaune, l'écraser et le mélanger à la tapenade.
Garnir l'intérieur des oeufs avec ce mélange.

• *Oeufs durs à la sauce piquante*

Faire cuire les oeufs durs (faire bouillir 10 minutes).
Hacher menu des oignons et les faire revenir.
Hacher ail, persil et câpres; les incorporer aux oignons et les faire revenir.
Ajouter de l'eau et un peu de farine; remuer.
Mettre dans un plat les oeufs écalés et coupés en deux dans le sens de la longueur; la sauce doit recouvrir aux 3/4 les oeufs rangés au fond du plat.
Laisser mijoter 5 à 10 minutes en ayant soin de saler et poivrer à son goût.

• *Salade de riz aux câpres*

Les proportions sont à adapter en fonction de son propre goût.
Couper en petits dés 2 ou 3 petites tomates, 1 poivron vert et 1 poivron jaune.
Ajouter 250 à 300 g. de riz cuit à l'eau et refroidi.
Emietter dessus une boîte de maquereau à la tomate.
Incorporer une vinaigrette (à l'huile d'olive, bien sûr!) et mélanger le tout.
Ajouter 3 oeufs durs coupés en rondelles, quelques filets d'anchois coupés en morceaux, des câpres et des olives noires.
Remuer et déguster.

S O M M A I R E

Crédit photographique

La Vie Agricole et Coopérative : pages 4, 5, 13b, 13c, 13d, 24, 36 38, 39, 44, 52, 53, 55, 60 et le cabochon des têtes de chapitre.
Franck Ricordel/Serre Editeur : pages 1, 8, 11, 12, 13a, 16, 22, 23, 30, 32, 34.
Max Lambert : pages 2, 17, 20, 21, 26, 28, 29, 33, 40, 42, 48, 54, 56.
Collection Serre Editeur : pages 6, 47, 50.

Conception graphique,
maquette et photogravure :
Serre Editeur,
7 rue de Roquebillière,
06300 Nice.

Achevé d'imprimer le 20 octobre 1993
sous les presses de l'imprimerie Salgado à Vallauris

Dépôt légal : octobre 1993
Imprimé en France

SCEP EDITIONS
LES PARCS DE VALESCURE
ILOT N° 3
83700 SAINT-RAPHAEL
TEL : 94 82 45 25
FAX : 94 44 65 02